Avec tous mes remerciements
au personnel de la bibliothèque de Météo France.
A.-S. B.

CRÉDIT PHOTOGRAPHIQUE

Anne-Sophie Baumann
P. 10 (bg) ; p. 17 (bd) ; p. 21 (b).

Corbis
Couverture : **Royalty-free** (bg) ; 4e de couverture : **NASA** (hg), **Visuals Unlimited** (md) ;
p. 8 : **Jim Zuckerman** (md), **Ted Streskinsky** (bg) ; p. 9 : **Theo Allofs** (h), **Françoise de Mulder** (b) ; p. 10-11 : **© NASA** ;
p. 11 : **George Hall** (hg), **Robert Llewellyn** (m) ; p. 12 : **Nick Wheeler** (m), **Roland Gerth** (b) ; p. 13 : **H. Cassea** (h),
Sean Daveys/Australian Picture Library (m), **Owen Frankan** (b) ; p. 14 : **Craig Aurness** (mg) ; p. 15 : **Galen Rowell** (m), **P.-J. Corwin** (b) ;
p. 16 : **P.-J. Corwin** (mg), **Tom Bean** (bd), **Pascal Parrot** (bg) ; p. 17 : **Warren Faidley** (hd), **Bill Ross** (bg) ; p. 18 : **Richard Hamilton Smith** (m),
A. et **J. Verkalk** (b) ; p. 19 : **Craig Aurness** (m), **Jim Reed** (b) ; p. 20 : **Christophe Boisvieux** (m) ; p. 21 : **Onne van der Wal** (m) ;
p. 22 : **W. Perry Conway** (bg), **Visuals Unlimited** bd) ; p. 23 : **Marc Garanger** (h), **Galen Rowell** (b) ;
p. 24 : **Franco Vogt** (m), **NOAA** (b) ; p. 25 : **Jim Reed** (h et b) ; p. 26 : **Thierry Prat** (bd),
Bernard Annebicque (bg) ; p. 27 : **Tom Fox/Dallas Morning News** (h), **Martin Harvey** (mg), **Bill Schild** (b) ;
p. 28 : **Franco et Bonnard** (m), **Eric** et **David Hosking** (b) ; p. 29 : **Karen Hunt** (bd) ; p. 36 : **Keren Su** (m), **Archivo Iconografico, SA** (b) ;
p. 37 : **Frédéric Pitchal** (h), **Jim Zuckerman** (m), **Chinch Gryniewicz** (b).

PHONE
J.-M. Labat et Y. Lanceau : Couverture (md), p. 5, p.11 (b).

Photothèque Météo France
P. 14 (md et b) ; p. 17 (hg) ; p. 19 (h) ; p. 20 (b) ; p. 29 (h et bg) ; p. 30 (mg, md, bg) ; p. 31 (h et b) ; p. 32 (g et d) ; p. 34 (hd) ; p. 35.

Journal Le Monde
P. 33.

STARFACE
P. 34 (mg et bd).

Édition et iconographie : Catherine Destephen
Montage maquette : Didier Gatepaille

www.editionsmilan.com

Loi 49.956 du 16.07.1949
ISBN: 978-2-7459-2427-8
Dépôt légal: 1er trimestre 2007
Imprimé en France par Pollina - n° L42113

LA MÉTÉO

Texte d'Anne-Sophie Baumann
Illustrations de Sophie Lebot

MILAN
jeunesse

Quel temps fait-il ?

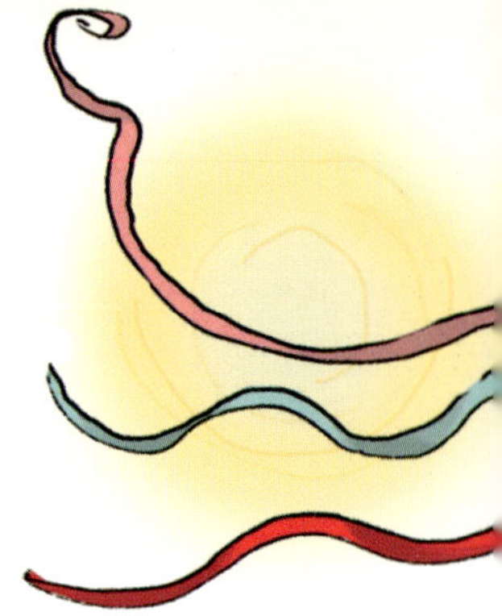

Quel temps fait-il sur la Terre ? Là, le soleil brille de tous ses rayons dans un ciel bleu sans nuages. Ici, des nuages presque noirs s'avancent dans le ciel. Tout à coup, c'est l'orage. La pluie tombe à grosses gouttes. Sur notre planète, le temps n'est pas partout le même. Pourquoi change-t-il ? Peut-on le prévoir ? Le temps qu'il fait et le temps qu'il fera, c'est ça, la météo.

Elle tourne !

Notre planète, la Terre, tourne tout autour du Soleil avec un petit air penché. Cela lui prend une année ! En plus, elle tourne sur elle-même, en une journée. De quoi donner le tournis... Lors de ces mouvements, la Terre est plus ou moins éclairée par les rayons du Soleil. C'est pourquoi nous avons le jour et la nuit, les saisons, des climats...

Grâce au Soleil, il y a des jours, des nuits, des saisons. Et de la vie sur la Terre !

Quand une région de la Terre est éclairée par le Soleil, elle reçoit lumière et chaleur. C'est le jour. Quand la Terre tourne et que cette région n'est plus éclairée par le Soleil, c'est la nuit. Il fait alors souvent un peu moins chaud.

Comme la Terre est toute ronde, le Soleil ne l'éclaire pas partout avec la même force. À l'équateur, par exemple, ses rayons l'atteignent directement, très fort.

LE SAIS-TU ?

L'ÉQUATEUR EST UNE LIGNE IMAGINAIRE QUI FAIT TOUT LE TOUR DE LA TERRE, COMME UNE CEINTURE.

Le climat d'un lieu sur la Terre, c'est le temps qu'il fait, en général, dans cet endroit. Le climat polaire, aux pôles de la planète, est glacé ; le climat équatorial, proche de l'équateur, est très humide toute l'année ; le climat continental a quatre saisons bien marquées...

C'est parce que la Terre est un peu penchée que nous avons des saisons, comme ici dans l'hémisphère Nord.

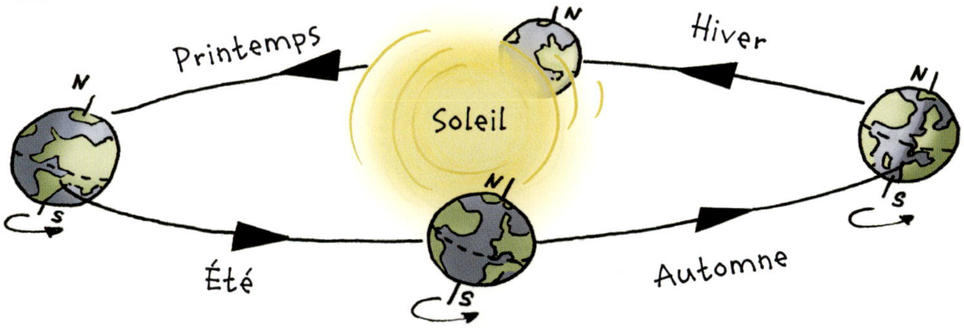

En tournant autour du Soleil, la Terre penche. Quand le nord de la Terre est au plus près du Soleil, le sud de la Terre en est loin : c'est alors l'été au Nord et l'hiver au Sud. Six mois plus tard, c'est l'inverse.

Sous les tropiques, il n'y a que deux saisons : une sèche et une pluvieuse.

IL N'Y A PAS QUE LE SOLEIL !

LA TEMPÉRATURE DES OCÉANS, LES COURANTS MARINS, LA PRÉSENCE DE FORÊTS OU DE DÉSERTS ONT AUSSI UN RÔLE SUR LES DIFFÉRENTS CLIMATS DE LA TERRE.

De l'air autour de la Terre

C'est le matin, tu ouvres ta fenêtre. Un petit vent léger te caresse la joue. Tu respires à pleins poumons. Sais-tu que l'air que tu inspires provient d'une grande couche d'air qui enveloppe la Terre entière ? Elle s'appelle l'atmosphère.

Si la Terre était une pomme, l'atmosphère ne serait pas plus épaisse que sa peau ! Pourtant c'est aussi grâce à elle que la vie est possible sur la Terre.

L'atmosphère arrête certains rayons dangereux du Soleil. Ceux qu'elle laisse passer sont indispensables à la vie des hommes, des animaux et des plantes.

CHAUD OU FROID ?

LA TEMPÉRATURE DE L'ATMOSPHÈRE N'EST PAS LA MÊME À TOUS LES ÉTAGES ! LA PLUS CHAUDE DE SES CINQ COUCHES DÉPASSE 500 °C. LA PLUS FROIDE DESCEND À - 90 °C !

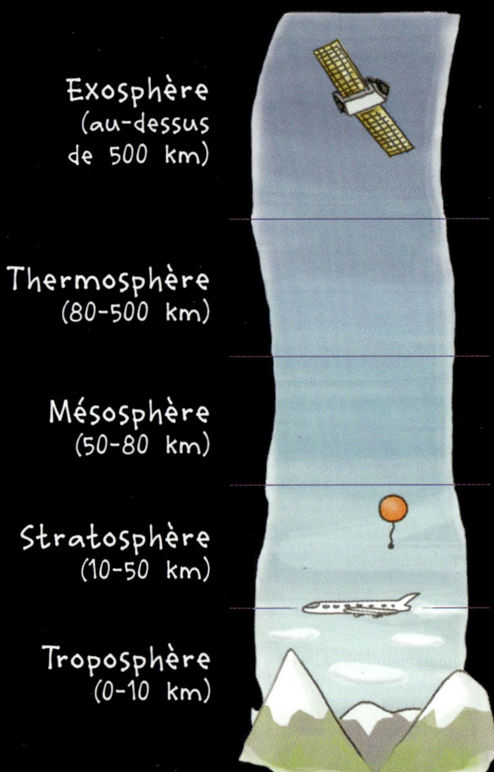

L'air transparent nous semble « vide », mais il est formé de gaz, comme l'oxygène, de minuscules poussières et aussi de toutes petites particules d'eau.

La partie basse de l'atmosphère, celle où nous respirons, s'appelle la troposphère. C'est là que le temps se fait.

L'air de la troposphère n'est pas immobile. Il bouge et circule. Certaines masses d'air sont froides, d'autres plus chaudes. Des nuages se créent, se déplacent. Au-dessus, il fait toujours beau ! Les pilotes d'avion le savent bien...

D'où vient l'eau qui est dans l'air ? Des océans, des rivières et des lacs... Quand le soleil les chauffe, l'eau s'évapore et passe dans l'air. Elle retombera sous forme de pluie pour retourner... aux océans, lacs et rivières. C'est le cycle de l'eau !

baromètre

PRESSÉ

L'AIR DE L'ATMOSPHÈRE EST PLUS OU MOINS COMPRIMÉ ! L'APPAREIL QUI MESURE LA PRESSION DE L'AIR S'APPELLE UN BAROMÈTRE.

Tout s'envole !

Qu'est-ce qui fait bouger les feuilles des arbres ? Qui a ramené tes cheveux dans tes yeux ? C'est le vent ! Entends-tu comme il souffle entre les branches ? Parfois même on dirait qu'il siffle en passant sous les portes. L'air de l'atmosphère se déplace sans cesse : il passe au-dessus des océans, franchit les montagnes, glisse au fond des vallées. Mais pourquoi donc bouge-t-il autant ?

Qui part à la chasse... perd sa place ! L'air qui se réchauffe au soleil monte dans le ciel. Il est aussitôt remplacé par de l'air froid : ce mouvement, c'est le vent !

Au long de l'équateur, l'air est très chaud. Quand il monte, de l'air plus froid le remplace : cela crée dans toute cette zone des vents très forts, appelés alizés.

Partout sur la Terre soufflent d'autres vents plus locaux. Les hommes leur ont aussi donné des noms. Connais-tu le mistral, ce vent froid du sud de la France ? Le zonda, lui, balaie l'Argentine.

Le vent, c'est comme de l'air qui sort d'un ballon trop gonflé !

Près du sol, l'air est souvent comprimé. On dit que la pression est grande, ou élevée. L'air léger, en altitude, est très détendu. La pression est faible, ou basse. L'air qui passe d'un point à l'autre s'appelle le vent.

DE L'AIR !

PLUS LA DIFFÉRENCE DE PRESSION EST GRANDE, PLUS L'AIR SE DÉPLACE VITE D'UN POINT À L'AUTRE : PLUS LE VENT EST FORT !

En 1805, un amiral britannique, nommé Francis Beaufort, observe les effets de la force du vent sur la mer et les classe de 1 à 12. C'est l'échelle de Beaufort.

LE VENT ET LES VAGUES

EN SOUFFLANT À LA SURFACE DE LA MER, LE VENT SOULÈVE L'EAU ET LA CREUSE. C'EST LUI QUI FORME LES VAGUES !

Les oiseaux se laissent porter par les courants d'air ! Les hommes aussi ont remarqué que la force du vent pouvait être utile pour gonfler les voiles des bateaux, faire tourner les ailes des moulins... Aujourd'hui encore, l'énergie du vent fait tourner les pales des éoliennes et permet de produire de l'électricité.

Dans le ciel, des nuages

As-tu déjà observé les nuages ? Sais-tu qu'ils portent tous un nom ?

En voilà un ! Il ressemble à une grosse boule de coton. Le vent le pousse vite, il est loin déjà. Qu'est-ce que c'était ? Un nuage, appelé cumulus. Comment s'est-il formé ? Exactement comme quand tu fais de la vapeur, l'hiver, en soufflant de l'air : un nuage se crée quand de l'air chaud monte dans le ciel et se refroidit dans l'atmosphère. L'eau de l'air devient une vapeur blanche qui prend parfois de drôles de formes !

Les nuages appartiennent à trois grandes familles.

- Fins comme des fils, ils sont de la famille des cirrus. Ils flottent très haut dans le ciel et ne donnent presque jamais de pluie.

- Allongés comme des voiles de mariée, ce sont des stratus. Tout comme les cirrus, ils sont formés de cristaux de glace.

- Gros et dodus comme des moutons, ce sont des cumulus. Ils apportent souvent la pluie, surtout les gros cumulonimbus.

Quand l'air se réchauffe au soleil, une «bulle» d'air chaud monte dans le ciel. Si cette «bulle» rencontre de l'air plus froid, de minuscules gouttelettes se forment : un nuage apparaît.

BIENVENUE DANS LES NUAGES !

COMMENT VOIR UN NUAGE DE PLUS PRÈS ? EN PRENANT L'AVION ! MAIS ATTENTION AUX TURBULENCES, CAR L'AIR CIRCULE TRÈS VITE DANS LES NUAGES.

Le vent sculpte les nuages et leur donne parfois d'étranges formes.

Celui-ci, qui passe par-dessus la montagne, a la forme d'une soucoupe volante ! C'est un nuage lenticulaire.

RIEN À VOIR !

LE BROUILLARD EST COMME UN NUAGE QUI RASE LE SOL. IL SE FORME QUAND UNE BRISE TRÈS FRAÎCHE SOUFFLE AU-DESSUS DE LA TERRE ENCORE TIÈDE. EN MER, ON L'APPELLE LA BRUME.

De quelle couleur sont les nuages ? Blancs, gris, presque noirs parfois. Tu en verras aussi des roses, des violets, des orange… au lever ou au coucher du soleil !

Tiens, voilà la pluie !

Il pleut. Dans le nuage, les gouttelettes d'eau sont tellement serrées les unes contre les autres qu'elles se sont agglutinées et forment des gouttes très lourdes. L'air ne peut plus les porter et elles tombent. Sur terre, elles forment des flaques, des ruisseaux... Vive la gadoue !

Il pleut ! L'hirondelle regagne son nid. Le lapin se réfugie dans son terrier. Les insectes se cachent sous les feuilles. Seul l'escargot sort sa tête. La terre se gorge d'eau.

COULEUR PLUIE

SI TU VOIS UN NUAGE GRIS OU PRESQUE NOIR, MÉFIE-TOI : IL CONTIENT BEAUCOUP DE GOUTTELETTES DE PLUIE QUI NE LAISSENT PLUS PASSER LA LUMIÈRE. ELLES SONT PRÊTES À TOMBER !

Une goutte d'eau, ce sont plein de gouttelettes pressées autour d'un grain de poussière. Pour en observer une, regarde une feuille après une averse !

Parfois les gros cumulonimbus ne bougent pas et la pluie ne cesse pas. Il pleut trop. L'eau déborde, crée des inondations et recouvre les abris. Pas facile de trouver le bon équilibre !

pluviomètre

MESURER L'EAU DU CIEL

L'INSTRUMENT QUI PERMET DE CONNAÎTRE LA HAUTEUR D'EAU TOMBÉE DANS LA JOURNÉE A UNE FORME D'ENTONNOIR. ON LE PLACE EN GÉNÉRAL À UN MÈTRE AU-DESSUS DU SOL.

L'eau invisible contenue dans l'air peut prendre plusieurs formes : vapeur, goutte d'eau ou glace !

Parfois, comme un Yo-Yo, la goutte de pluie monte et descend dans le nuage, poussée par un vent tourbillonnant. Elle gèle et devient une petite boule de glace : un grêlon. Attention aux dégâts !

Certains matins, l'eau contenue dans l'air se condense sur les plantes : c'est la rosée. Quand il fait très froid, elle se glace : c'est le givre. Comme c'est joli !

TERRIBLE !

EN 1958, EN FRANCE, UN ÉNORME GRÊLON EST TOMBÉ D'UN NUAGE. IL ÉTAIT LOURD COMME UN PAQUET DE FARINE !

ARC-EN-CIEL

APRÈS UNE AVERSE, LES RAYONS DU SOLEIL TRAVERSENT LES DERNIÈRES GOUTTES DE PLUIE. TOUTES LES COULEURS QUI COMPOSENT LA LUMIÈRE APPARAISSENT. C'EST L'ARC-EN-CIEL.

C'est l'orage !

L'air semble gorgé d'eau. Qu'il fait lourd ! Difficile de respirer. Dans le ciel, de petits cumulus gonflent lentement et se rejoignent. Ils forment de gros cumulonimbus gris. Zing ! Un éclair zèbre le ciel. Braoum ! Un coup de tonnerre éclate peu après. Mais que se passe-t-il dans les nuages ? Pourquoi tout ce bruit ?

Il fait chaud et humide près du sol. Si tout en haut il fait frais, gare à l'orage !

Les nuages d'orage sont très épais. De vraies montagnes flottantes ! Les vents montent et descendent à une vitesse terrible. Les particules de l'air frottent les unes contre les autres : de l'électricité se crée !

QUE FAIRE ?

EN CAS D'ORAGE, RESTE À LA MAISON ET ÉTEINS L'ÉLECTRICITÉ, OU RÉFUGIE-TOI SOUS UN ABRIBUS. SI TU ES DANS LA NATURE, RECROQUEVILLE-TOI COMME UNE PETITE GRENOUILLE ET ATTENDS QU'IL PASSE !

Quand il y a trop d'électricité au sommet et en bas du nuage, une étincelle géante surgit : c'est l'éclair ! L'air est si brûlant qu'il semble « fondre ». Il se refroidit tout à coup avec un bruit énorme : le tonnerre.

Éclair et tonnerre éclatent en même temps. Pourtant tu vois l'éclair d'abord, puis tu entends le tonnerre : la vitesse de la lumière est plus rapide que celle du son !

ÉCLAIR, OÙ ES-TU ?

LE BRUIT DU TONNERRE MET 1 SECONDE POUR PARCOURIR 300 MÈTRES. COMPTE LES SECONDES ENTRE L'ÉCLAIR ET LE TONNERRE POUR SAVOIR À QUELLE DISTANCE TU ÉTAIS !

Quand l'éclair touche le sol, il porte le nom de « foudre ». Elle vise surtout les endroits pointus et élevés comme les arbres. Ne te réfugie surtout pas dessous !

Après un orage, le paysage détrempé, balayé par le vent et parfois abîmé par la grêle, peut être dans un piteux état !

Beau temps

L'orage est passé. Le vent a emporté les gros nuages au loin. Le ciel est de nouveau bleu. Il fait chaud. Ces fins nuages ne font pas peur au soleil !

Ciel bleu sans nuages, air sec et pas de vent, la chaleur peut durer longtemps...

Lorsque les rayons du Soleil atteignent le sol, ils le chauffent et cette chaleur est renvoyée dans l'atmosphère. Moins il y a de nuages pour arrêter les rayons du Soleil, plus il fait chaud !

Méfiance, méfiance... car quand l'air se réchauffe, il monte et se refroidit. S'il contient assez d'eau, des nuages peuvent se former d'un moment à l'autre !

Attention, sécheresse ! Quand le soleil chauffe fort, l'eau du sol se transforme vite en vapeur : elle s'évapore. Les plantes sèchent. Les animaux ont soif. Tout comme toi ! C'est la canicule.

Froid de canard

Les nuages sont revenus en nombre. Le ciel en est tout gris. Brr, un frisson de froid te fait trembler de la tête aux pieds...

Les nuages font obstacle à la lumière du Soleil, comme des parasols géants, et absorbent son énergie. Qu'il fait frais dans leur ombre !

En hiver, les rayons du Soleil nous atteignent moins bien qu'en été. Les jours sont courts, la chaleur dure moins longtemps. Quand nuages, pluie et vent sont au rendez-vous, le froid est vraiment glacial !

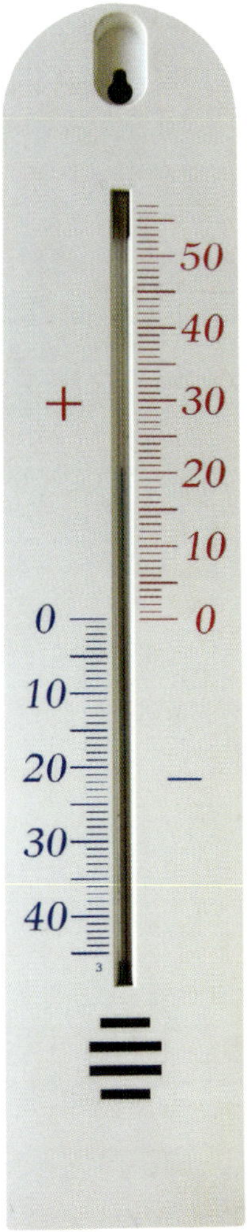

thermomètre

On mesure la température, à l'ombre sous abri, grâce à un thermomètre. Sur Terre, il fait parfois - 60 degrés sur la banquise et + 50 degrés dans les déserts ! Mais en moyenne, la température est de 15 °C.

POURQUOI LE CIEL EST-IL BLEU ?

LA LUMIÈRE DU SOLEIL EST FORMÉE DE ROUGE, ORANGE, JAUNE, VERT, BLEU, INDIGO ET VIOLET. QUAND CES COULEURS RENCONTRENT L'AIR, ELLES LE TRAVERSENT ET POURSUIVENT LEUR CHEMIN, SAUF LE BLEU QUI EST RENVOYÉ EN TOUS SENS. D'EN BAS, LE CIEL NOUS PARAÎT BLEU !

il neige !

Le temps s'est refroidi. Le ciel est blanc de nuages. Quelque chose semble flotter dans l'air. As-tu rêvé ou est-ce la vérité ? Mais oui, il neige ! Des centaines de flocons descendent lentement des nuages et se posent sur le sol froid. Ils ne fondent pas et la couche de neige s'épaissit. Enfile tes gants : une belle bataille de boules de neige se prépare !

La neige, c'est des milliers de flocons. Mais sais-tu ce qu'est un flocon de neige ?

Un flocon de neige, c'est d'abord, dans un nuage très froid, une poussière d'atmosphère autour de laquelle se collent de minuscules cristaux de glace. Le flocon devient lourd et finit par tomber.

FINS FLOCONS FLOTTANTS ?

SI LA TEMPÉRATURE EST TRÈS AU-DESSOUS DE ZÉRO DEGRÉ, LES FLOCONS SONT FINS ET LÉGERS. C'EST DE LA POUDREUSE ! À ZÉRO DEGRÉ, ILS SONT GROS ET MOUILLÉS. À PLUS DE ZÉRO DEGRÉ, ILS FONDENT : LES REVOILÀ GOUTTES DE PLUIE !

Chaque cristal de glace a sa forme : étoile à six branches, fine lamelle... Tout dépend de la température du nuage et s'il contient beaucoup d'eau. Il existe plus de 80 familles de cristaux !

Le paysage est blanc de neige. Étonnant! Mais cela présente parfois des dangers.

La couche de neige est un manteau d'hiver pour la campagne : grâce à l'air coincé entre les flocons, le sol ne gèle pas. Les petites graines sont à l'abri!

GARE AU BLIZZARD

LE BLIZZARD EST UNE TEMPÊTE DE NEIGE GLACÉE TRÈS VENTEUSE. IL PEUT COUVRIR DE NEIGE UNE VOITURE EN QUELQUES SECONDES!

En montagne, quand la neige fraîche et fine se dépose sur une couche de neige glacée, une simple secousse peut tout faire glisser. Attention avalanche!

Vite, à l'abri !

Un matin, tu as entendu à la radio : « Un cyclone, surnommé Dennis, s'est formé au large de l'Indonésie » ou encore « Des tornades ont soufflé dans la région des Grandes Plaines aux États-Unis. Les dégâts sont considérables »... Dans certaines parties du monde, l'atmosphère produit des phénomènes destructeurs. Ils sont très rares chez nous. Comment se sont-ils formés ?

As-tu déjà vu une tempête ? Le vent souffle à une vitesse impressionnante !

Parfois, des nuages énormes lâchent des trombes d'eau, des vents violents fouettent le paysage. C'est la tempête !

Les cyclones tropicaux naissent en mer quand la température de l'eau dépasse 26 °C. Des nuages d'orage se créent et s'enroulent sur eux-mêmes, en spirale. Au milieu, une zone calme : l'œil du cyclone !

DES NOMS

LES CYCLONES TROPICAUX SONT APPELÉS « TYPHONS » EN ASIE, ET « OURAGANS » EN AMÉRIQUE. LES HOMMES LEUR DONNENT MÊME DES PRÉNOMS, COMME ANDREW OU EMILY.

Le cyclone tropical s'apaise et cesse quand il rencontre la terre. Enfin !

UNE FORCE DE GÉANT !

QU'EST-CE QUI PEUT SOULEVER UNE VACHE DANS LES AIRS ? UNE TORNADE.

Aux États-Unis, on compte plus de 700 tornades par an !

Une tornade se forme sur la terre. C'est un vent très violent qui tourbillonne sous un gigantesque cumulonimbus. Il roule comme une toupie et aspire tout sur son passage !

Pour échapper à une tornade, les gens se réfugient dans la cave de leur maison. Pour éviter l'ouragan, ils quittent aussi vite que possible les bords de mer !

Prévoir le temps

Tu as prévu un pique-nique demain avec tes amis. Fera-t-il beau ? Pour toi, c'est important. Pour l'agriculteur, c'est essentiel, car il doit récolter son blé par temps sec. Et pour certains, comme les pêcheurs en Thaïlande prêts à partir en mer, c'est une question de survie : une tempête ou un cyclone non signalés pourraient les emporter et les tuer... Prévoir le temps sauve parfois des vies !

Un orage est annoncé. L'agriculteur moissonne son champ jusqu'à la nuit pour que ses épis de blé ne soient pas écrasés par la pluie. Des mois de travail sauvés !

Les gens qui travaillent dans la nature surveillent la météo tous les jours !

Avis de tempête ! Les bateaux rentrent au plus vite au port, pour s'abriter. Plus personne ne sort !

Les pilotes d'avion naviguent en pleine atmosphère ! Des vents trop forts peuvent les ralentir ? Ils prennent plus de carburant. En cas d'orage, les pilotes évitent le plus souvent de décoller.

Les prévisions météo permettent à tout le monde de ne pas se laisser surprendre par le temps.

Casquette ou anorak ? Les deux ! Le temps est très changeant en montagne. Et si un orage est prévu, mieux vaut annuler la randonnée et le pique-nique. Ce sera pour la prochaine fois !

C'est l'été, vive le soleil ! Mais attention, une alerte à la canicule a été lancée : les grosses chaleurs vont durer longtemps. N'oublie pas de boire souvent...

Observer pour prévoir le temps

Peux-tu prévoir le temps en observant la nature autour de toi ? Près du sol, regarde certaines plantes : elles changent selon le temps qu'il fait. Quant aux animaux, certains modifient leur comportement. Lève les yeux au ciel... Les nuages donnent souvent de bons indices.

Les plantes et les animaux sont sensibles à l'humidité de l'air... qui peut donner des nuages de pluie !

Quand l'air est humide, les moucherons ont les ailes lourdes et ont du mal à voler. Les hirondelles les gobent au ras du sol. Si les hirondelles volent bas, il va peut-être pleuvoir !

Quand il fait sec, les pétales des volubilis sont bien ouverts. Par temps humide, ils se referment, tout comme les écailles des cônes de pommes de pin.

À UN CHEVEU

PAR TEMPS HUMIDE, LES POILS DU MOUTON FRISENT ENCORE PLUS. NOS CHEVEUX AUSSI RACCOURCISSENT UN PEU ! À SURVEILLER...

Observer les nuages peut permettre de prévoir le temps qu'il fera dans... quelques minutes !

Si, dans le ciel, les cirrus deviennent de plus en plus épais ou bien si des cumulus grossissent à vue d'œil, c'est peut-être un signe de pluie à venir.

L'air est humide et chaud, de gros cumulonimbus noirs arrivent dans ta direction et le vent souffle ? Prépare-toi à l'orage !

DRÔLES DE PRÉVISIONS !

« SI CHAT SE GRATTE L'OREILLE, PLUIE SERA SANS PAREILLE... » PEUT-ON CROIRE CE DICTON ? MIEUX VAUT SE FIER AUX OUTILS ET AUX PRÉVISIONS DES MÉTÉOROLOGUES !

Mesurer le temps

Mais comment fait-on pour vraiment prévoir le temps ? Avant de prévoir, il faut d'abord observer le temps qu'il fait aujourd'hui sur toute la Terre. Est-ce possible ? Oui ! Grâce à des machines placées un peu partout sur la planète et qui notent tout sur le temps. Ce qu'elles nous apprennent nous permet de connaître le temps de demain !

Des milliers de machines observent le temps jour et nuit, sur terre et en mer.

Thermomètres mini ou maxi

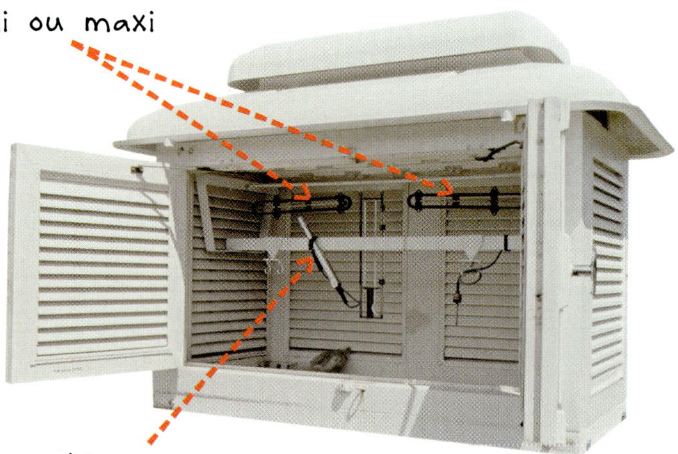

Hygromètre pour mesurer l'humidité de l'air

Qu'est-ce que c'est ? Un petit abri météo. Cette boîte blanche contient des outils de mesure météo. Il en existe 10 000 comme ça dans le monde !

Cette bouée n'est pas comme les autres ! Elle contient un petit ordinateur qui étudie le vent en mer. Des bateaux transmettent aussi leurs observations météo.

radar

UN DÉTECTEUR DE PLUIE

LES RADARS MÉTÉOROLOGIQUES PARVIENNENT À DÉTECTER ET À MESURER LA PLUIE OU LA NEIGE.

Ce ballon est un espion ! Gonflé à l'hélium, il transporte des instruments qui mesurent et transmettent la température, l'humidité de l'atmosphère et la force du vent. Quand il touche la mésosphère, il explose...

Pour compléter les observations, les hommes envoient des machines dans l'air et même dans l'espace !

Des robots remplis de capteurs tournent dans l'espace autour de la Terre : ce sont les satellites. Certains prennent des photos de la Terre toutes les 30 minutes. Parfait pour surveiller les nuages et repérer les cyclones !

VAISSEAU FANTÔME

PERSONNE N'HABITE À BORD DES SATELLITES. ILS SONT COMMANDÉS DEPUIS LA TERRE. GRÂCE À EUX ON PEUT MÊME CONNAÎTRE LA TEMPÉRATURE DE LA MER !

Le météorologue

Un vent de force 7 souffle sur la côte ouest de l'Atlantique. Les abris météo signalent une grande humidité de l'air et le satellite envoie des images de gros nuages en formation. Les informations transmises par les centaines de capteurs météo arrivent à la station météorologique. Là, les météorologues, les reçoivent sur leurs ordinateurs. Il faut prévenir les gens !

Les météorologues, dans leur station météo, observent et surveillent l'atmosphère. Ceux qui prévoient le temps s'appellent des prévisionnistes.

Des ordinateurs très puissants font des calculs à partir des données des outils météo. Ils établissent des cartes de prévision du temps.

Les météorologues étudient les prévisions des ordinateurs, puis ils les corrigent pour faire le moins d'erreurs possible. Le bulletin est prêt !

COMME UN PUZZLE

LES STATIONS MÉTÉO DES 140 PAYS DE L'ORGANISATION MONDIALE DE LA MÉTÉOROLOGIE (OMM) PARTAGENT LEURS INFORMATIONS. INDISPENSABLE POUR PRÉVOIR ENCORE MIEUX LE TEMPS !

La carte météo est comme un message codé : si tu arrives à comprendre les indices, tu pourras... prévoir le temps !

Les lignes fines représentent les endroits où l'air est à la même pression. Elles sont appelées lignes isobares. Plus les traits sont rapprochés, plus il y a du vent.

L'ERREUR EST... ATMOSPHÉRIQUE !

DIFFICILE DE NE PAS SE TROMPER : L'AIR BOUGE TOUT LE TEMPS ! ON PRÉVOIT LE TEMPS QU'IL FERA DEMAIN OU DANS 7 JOURS, MAIS AU-DELÀ, LES RISQUES D'ERREURS SONT TROP GRANDS...

« A », comme « anticyclone ». Ici, l'air est très comprimé : le temps est beau à cet endroit. « D », comme « dépression ». Là, l'air est relâché, ce qui peut attirer des nuages : le temps est perturbé.

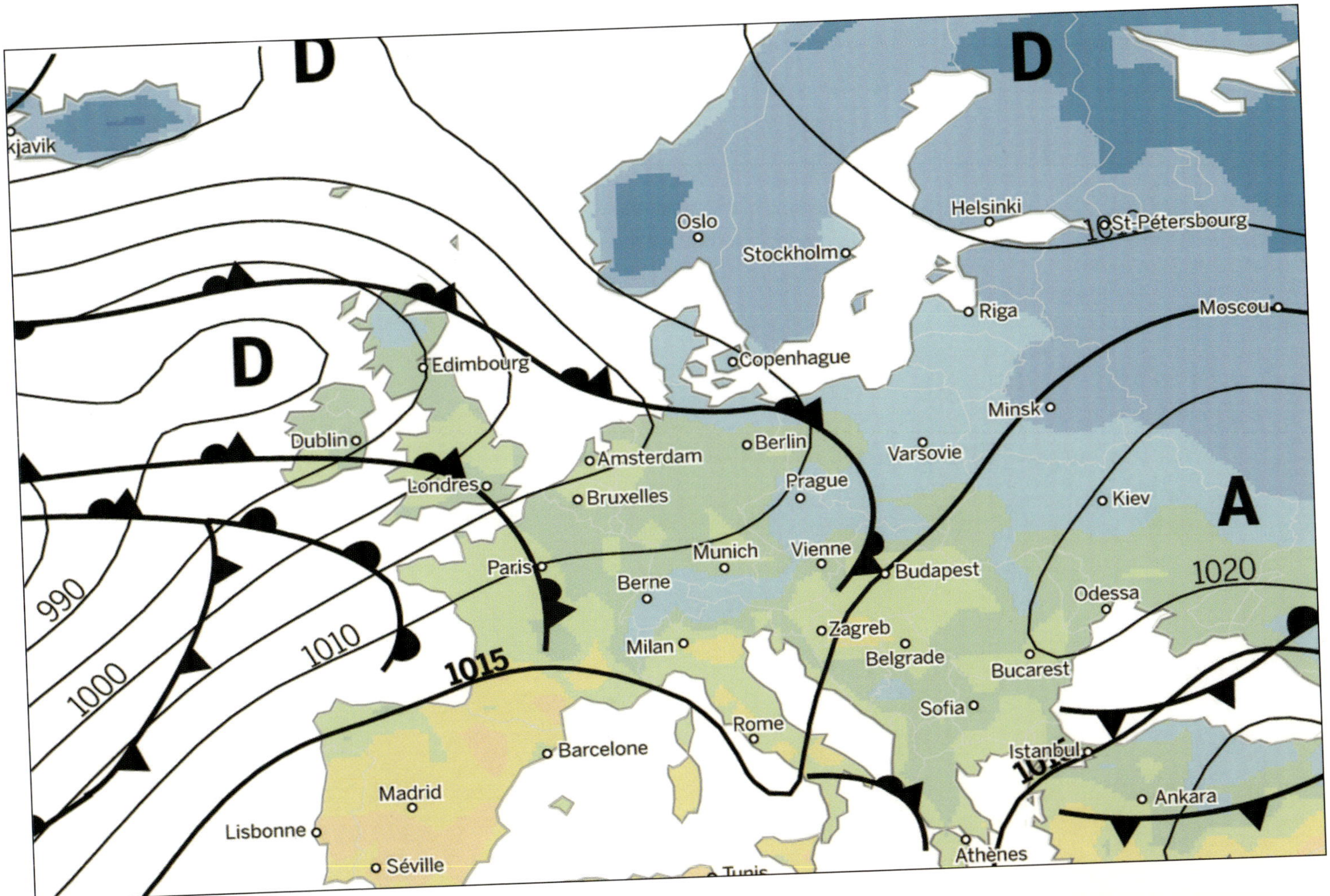

Une masse d'air froid (la ligne avec les triangles) rencontre une masse d'air chaud (ligne avec les demi-cercles) : gare aux nuages !

À TOUTE ALLURE !

LES DANGERS MÉTÉOROLOGIQUES (COMME LES ORAGES) DOIVENT ÊTRE ENVOYÉS TRÈS VITE AUX STATIONS MÉTÉO PUIS TRANSMISES À LA POPULATION. CETTE RAPIDITÉ EST TRÈS IMPORTANTE !

Le bulletin météo

« Mesdames, messieurs, bonsoir. Pour demain, Saint-Émile, temps gris souris sur tout le pays. À l'exception du Sud-Est avec de petites éclaircies. Attention, sur les côtes atlantiques : les vents atteindront les 80 km/h et apporteront de lourds nuages et de fortes pluies, virant à la tempête en fin de matinée, » annonce la présentatrice.

Difficile de ne pas être au courant ! Les bulletins météo sont présentés dans les journaux, à la radio et à la télévision.

À la station météo, un prévisionniste prépare des bulletins météo pour les journalistes. Quelques heures avant le journal télévisé, la présentatrice reçoit ces bulletins météo.

La présentatrice réécrit le bulletin pour le rendre encore plus clair pour tout le monde. Un dessinateur réalise sur son ordinateur une carte météo simple et colorée.

Devant les caméras, la présentatrice montre un écran tout bleu... Son image est découpée par ordinateur et posée sur celle de la carte météo. Ainsi il n'y a pas d'ombre sur la carte !

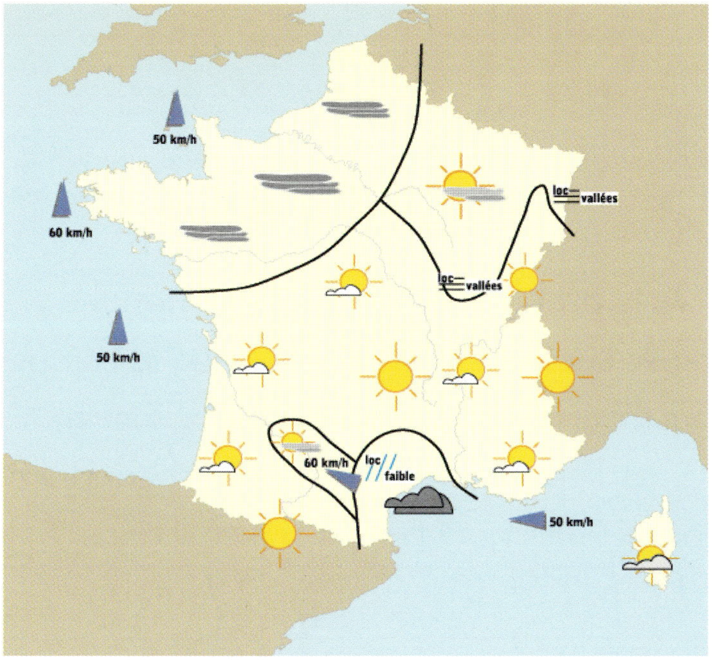

« Au nord-ouest, de fins nuages sont à prévoir. Mais fermez vos parapluies en Bretagne : les vents souffleront jusqu'à 60 km/heure !
Au sud-est, de timides éclaircies l'après-midi. Prêts pour une balade ? »

« À l'ouest, de fortes précipitations vous attendent. Quelques flocons dans les Pyrénées. Les températures resteront très basses. Dommage pour les pique-niques ! »

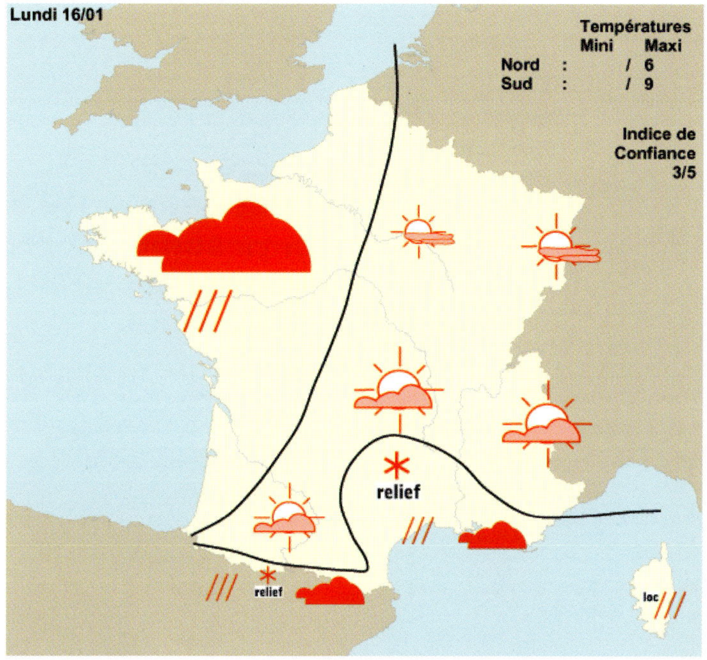

La photographie satellite montre un beau défilé de nuages créés par une dépression sur l'océan Atlantique. Un anticyclone au sud maintient un temps calme : très peu de nuages en vue !

LA MÉTÉO MARINE

LES MARINS ÉCOUTENT LA MÉTÉO MARINE À LA RADIO. ELLE EST PARFOIS DIFFICILE À COMPRENDRE ! AINSI « AVIS DE GRAND FRAIS ANTIFER » SIGNIFIE QU'UNE TEMPÊTE EST PRÉVUE DANS LA RÉGION DU CAP D'ANTIFER, AU SUD DE LA GRANDE-BRETAGNE.

La météo d'hier à demain

De la préhistoire à nos jours, l'homme s'est toujours demandé ce que le temps lui réservait. Et te voilà, toi, ce matin. C'est le printemps. La journée s'annonce belle. Mais quel temps fera-t-il dans dix ans ? Et dans cent ans ? Peut-on le prévoir ?

Dans l'histoire de notre planète, le climat, c'est-à-dire le temps qu'il fait dans une région précise de la Terre pendant une longue période, a changé plusieurs fois.

La Terre a connu des périodes très froides, appelées glaciations, et des périodes plus douces. Les animaux et les plantes s'y sont adaptés... ou non !

De nombreuses causes peuvent expliquer le changement des climats : l'axe de la Terre plus ou moins penché, le chemin de sa course autour du Soleil...

LA MÉTÉO D'AUTREFOIS

POUR OBSERVER LA MÉTÉO DES TEMPS PASSÉS, REGARDE LE CIEL DANS LES TABLEAUX ANCIENS ! L'HIVER FUT RUDE PENDANT PRÈS DE 400 ANS EN EUROPE, ENTRE 1450 ET 1850. CERTAINS ONT APPELÉ CETTE PÉRIODE LE PETIT ÂGE GLACIAIRE.

Les hommes pourraient-ils changer le temps ?

Dans l'air, les gaz, comme le gaz carbonique, retiennent naturellement la chaleur du soleil. C'est l'effet de serre. Mais les fumées des voitures et des usines ajoutent encore plus de gaz dans l'air, alors l'atmosphère se réchauffe trop.

Le réchauffement de l'atmosphère, même de quelques degrés, a des conséquences : les glaciers fondent davantage, les étés risquent d'être plus chauds, les hivers vraiment très froids, les tempêtes plus nombreuses...

L'énergie du Soleil, captée par des panneaux solaires, permet par exemple de ne pas polluer l'atmosphère.

CHAUD DEVANT !

LES DIRIGEANTS DE NOMBREUX PAYS SE RÉUNISSENT RÉGULIÈREMENT POUR DISCUTER DE L'AVENIR DE LA TERRE. IL EST ENCORE TEMPS DE CHANGER NOS HABITUDES POUR PROTÉGER NOTRE ATMOSPHÈRE !

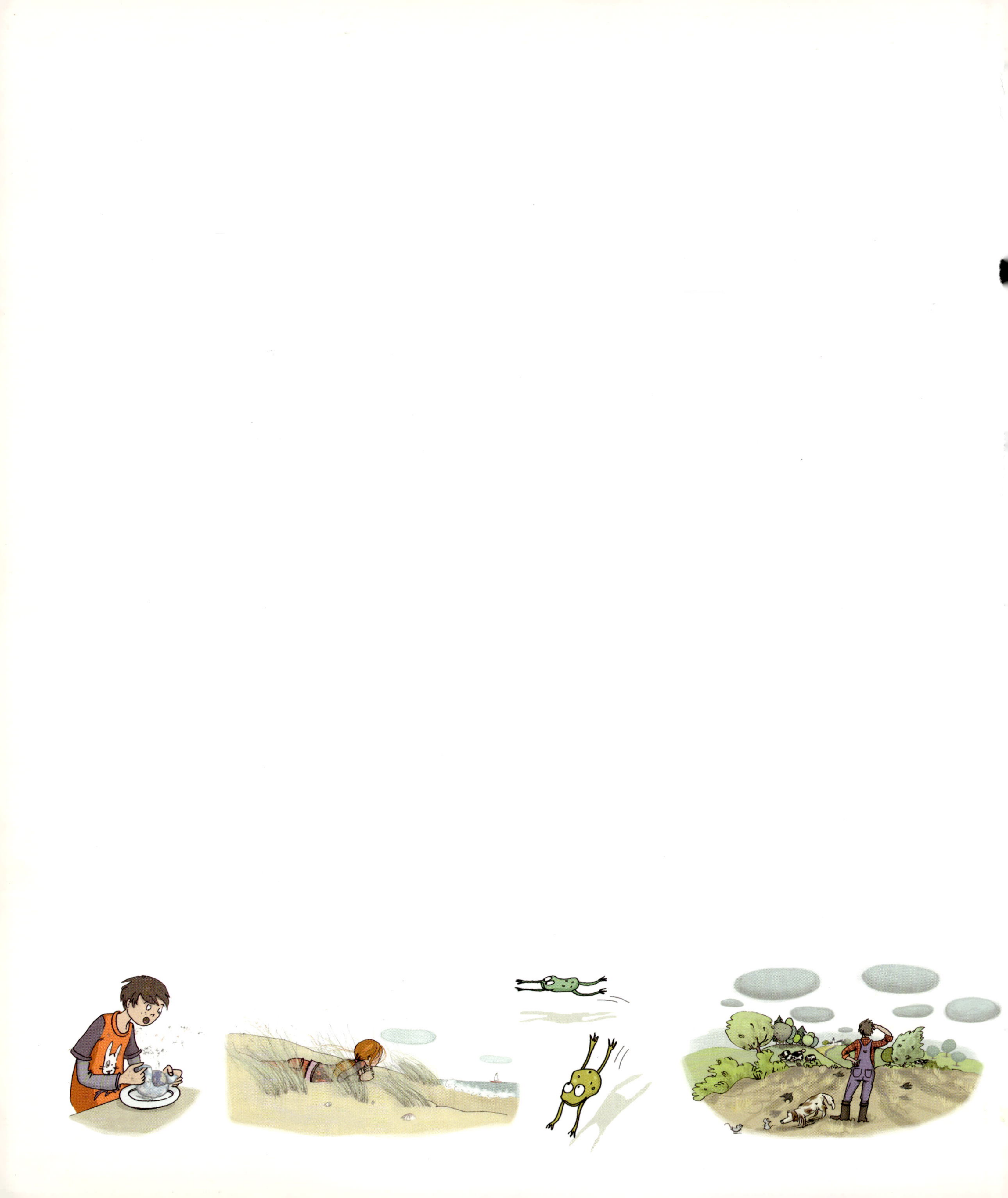